Impressum
Verlag: BABADADA GmbH, Nedderfeld 112 , 22529 Hamburg
Geschäftsführer / Verlagsleitung: Harald Hof
Druck: Books on Demand GmbH, In de Tarpen 42, 22848 Norderstedt

Imprint
Publisher: BABADADA GmbH, Nedderfeld 112 , 22529 Hamburg, Germany
Managing Director / Publishing direction: Harald Hof
Print: Books on Demand GmbH, In de Tarpen 42, 22848 Norderstedt, Germany

škola

בית ספר

učiona
כיתה
deliti
חילק
186/2
ploča
לוח
školsko dvorište
nastavnik
מורה
papir
נייר
pisati
כתב
hemijska olovka
עט
pisaći stol
שולחן עבודה
lenjir
סרגל
knjiga
ספר
učenik
תלמיד

torba

ילקוט

pernica

קלמר

grafitna olovka

עיפרון

šiljilo za olovke

מחדד

gumica za brisanje

גומי מחיקה

blok za crtanje

חוברת סרטוט

crtež

סרטוט

kist

מברשת

kutija sa bojama

קופסת צבעים

makaze

מספריים

lepilo

דבק

beležnica

ספר תרגול

domaći zadatak

שיעור בית

12

broj

מספר

2+2

sabirati

חיבר

5-2

oduzimati

חיסר

2×2

množiti

הכפיל

računati

חישב

A

slovo

אות

ABCDEFG
HIJKLMN
OPQRSTU
VWXYZ

abeceda

אלפבית

reč

מילה

tekst

טקסט

čitati

קרא

kreda

גיר

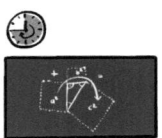

čas

שיעור

dnevnik

יומן נוכחות

ispit

מבחן

svedočanstvo

תעודה

školska uniforma

תלבושת בית ספר

obrazovanje

חינוך

leksikon

אנציקלופדיה

univerzitet

אוניברסיטה

mikroskop

מיקרוסקופ

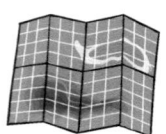

karta

מפה

košara za papir

סל נייר

putovanje
נסיעה

hotel
מלון
Grand
prenoćište
הוסטל
ROOMS
menjačnica
המרת מטבע
kofer
מזוודה
auto
אוטו

jezik

שפה

da / ne

כן / לא

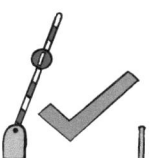

okej

בסדר

zdravo

שלום

prevodilac

מתרגם

hvala

תודה

Koliko košta...?

כמה עולה?.....

ne razumem

אני לא מבין

problem

בעיה

dobro veče!

ערב טוב!

Dobro jutro!

בוקר טוב!

Laku noć!

לילה טוב!

doviđenja

להתראות

smer

כיוון

prtljaga

כבודה

torba

תיק

ruksak

תרמיל גב

gost

אורח

soba

חדר

vreća za spavanje

שק שינה

šator

אוהל

turističke informacije

מרכז מידע לתיירים

plaža

חוף ים

kreditna kartica

כרטיס אשראי

doručak

ארוחת בוקר

ručak

ארוחת צהריים

večera

ארוחת ערב

karta za vožnju

כרטיס

lift

מעלית

poštanska markica

בול

granica

גבול

carina

מכס

ambasada

שגרירות

viza

אשרה

pasoš

דרכון

transport
תחבורה

avion
מטוס
brod
אונייה
vatrogasno vozilo
כבאית
autobus
אוטובוס
teretno vozilo
משאית
motorni čamac
סירת מנוע
bicikl
אופניים
auto
אוטו

trajekt

מעבורת

čamac

סירה

motocikl

אופנוע

policijski auto

ניידת משטרה

trkaći auto

מכונית מרוץ

iznajmljeno auto

רכב שכור

delenje automobila

מכוניות בשיתוף

vučno vozilo

אוטו גרר

vozilo za odvoz smeća

משאית זבל

motor

מנוע

benzin

דלק

benzinska stanica

תחנת דלק

saobraćajni znak

תמרור

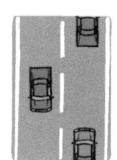

saobraćaj

תנועה

zastoj

פקק תנועה

parkiralište

חניה

železnička stanica

תחנת רכבת

šine

פסי רכבת

voz

רכבת

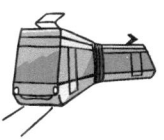

tramvaj

רכבת קלה

vagon

קרון

helikopter

מסוק

aerodrom

שדה-תעופה

kula

מגדל

putnik

נוסע

kontejner

קונטיינר

karton

קרטון

kolica

עגלה

korpa

סל

uzleteti / sleteti

המראה / נחיתה

grad
עיר

selo

כפר

centar grada

מרכז העיר

kuća

בית

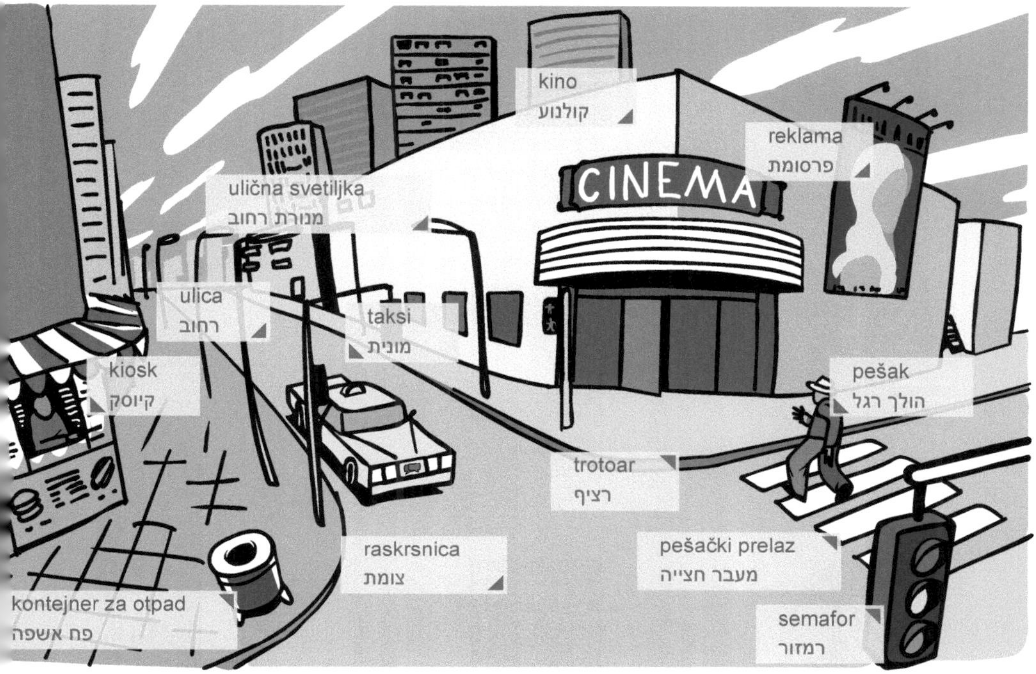

kino
קולנוע
reklama
פרסומת
ulična svetiljka
מנורת רחוב
ulica
רחוב
taksi
מונית
kiosk
קיוסק
pešak
הולך רגל
trotoar
רציף
raskrsnica
צומת
pešački prelaz
מעבר חצייה
kontejner za otpad
פח אשפה
semafor
רמזור

koliba

בקתה

stan

דירה

železnička stanica

תחנת רכבת

većnica

עירייה

muzej

מוזיאון

škola

בית ספר

univerzitet

אוניברסיטה

banka

בנק

bolnica

בית חולים

hotel

מלון

apoteka

בית מרקחת

kancelarija

משרד

knjižara

חנות ספרים

prodavnica

חנות

cvećara

חנות פרחים

supermarket

סופרמרקט

trg

שוק

robna kuća

כל-בו

ribarnica

מוכר דגים

trgovački centar

קניון

luka

נמל

park

פארק

klupa

ספסל

most

גשר

stepenice

מדרגות

podzemna železnica

רכבת תחתית

tunel

מנהרה

autobuska stanica

תחנת אוטובוס

bar

בר

restoran

מסעדה

poštansko sanduče

תא דואר

ulični znak

שלט רחוב

parkirni automat

מדחן

zoološki vrt

גן חיות

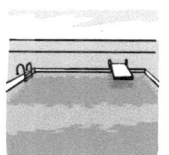

bazen

בריכת שחיה

džamija

מסגד

seosko gazdinstvo

חווה

zagađenje okoline

זיהום

groblje

בית עלמין

crkva

כנסייה

igralište

מגרש משחקים

hram

בית מקדש

pejsaž

נוף

list
עלה

putokaz
תמרור

put
דרך

livada
מרעה

kamen
אבן

drvo
עץ

šetač
מטייל

reka
נהר

trava
דשא

cvijet
פרח

dolina

בקעה

planina

הר

jezero

אגם

šuma

יער

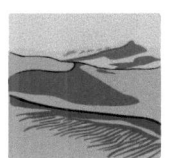

pustinja

מדבר

vulkan

הר געש

dvorac

טירה

duga

קשת בענן

gljiva

פטריה

palma

דקל

moskito

יתוש

muva

זבוב

mrav

נמלה

pčela

דבורה

pauk

עכביש

buba

חיפושית

žaba

צפרדע

veverica

סנאי

jež

קיפוד

zec

ארנב

sova

ינשוף

ptica

ציפור

labud

ברבור

divlja svinja

חזיר בר

jelen

צבי

los

אייל הקורא

nasip

סכר

vetrenjača

טורבינת רוח

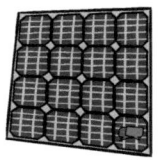

solarna ploča

פנל סולארי

klima

אקלים

restoran
מסעדה

konobar
מלצר
jelovnik
תפריט
stolica
כסא
supa
מרק
pica
פיצה
pribor za jelo
סכו"ם
stolnjak
מפת שולחן

predjelo

מנת פתיחה

glavno jelo

מנה עיקרית

desert

קינוח

napitci

שתיות

jelo

אוכל

flaša

בקבוק

brza hrana

מזון מהיר

imbis hrana

אוכל רחוב

čajnik

קנקן תה

doza za šećer

מסכרת

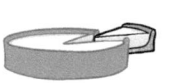

porcija

מנה

aparat za espresso

מכונת אספרסו

visoka stolica

כסא תינוק

račun

חשבון

poslužavnik

מגש

nož

סכין

viljuška

מזלג

kašika

כף

čajna kašika

כפית

salveta

מפית

čaša

כוס

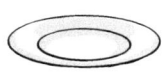

tanjir

צלחת

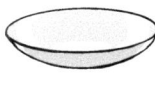

tanjir za supu

קערת מרק

tanjirić

תחתית

sos

רוטב

soljenka

מלחייה

mlin za biber

מטחנת פלפל

sirće

חומץ

ulje

שמן

začini

תבלינים

kečap

קטשופ

senf

חרדל

majoneza

מיונז

supermarket

סופרמרקט

ponuda
מבצע
FOR
kupac
לקוח
mlečni proizvodi
מוצרי חלב
voće
פירות
kolica za kupovinu
עגלת קניות

mesnica

אטליז

pekara

מאפייה

vagati

שקל

povrće

ירקות

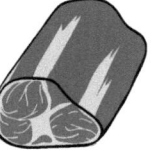

meso

בשר

smrznuta hrana

מזון קפוא

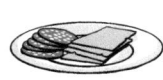

narezak

בשר קר

konzerve

שימורים

sredstvo za pranje

אבקת כביסה

slatkiši

ממתקים

artikli za domaćinstvo

מוצרי בית

sredstva za čišćenje

חומר ניקוי

prodavačica

מוכרת

blagajna

קופה

blagajnik

קופאי

lista za kupovinu

רשימת קניות

vreme rada

שעות פתיחה

novčanik

ארנק

kreditna kartica

כרטיס אשראי

torba

תיק

plastična kesa

שקית נילון

napitci

שתיות

voda

מים

sok

מיץ

mleko

חלב

kola

קולה

vino

יין

pivo

בירה

alkohol

אלכוהול

kakao

קקאו

čaj

תה

kava

קפה

espresso

אספרסו

cappuccino

קפוצ'ינו

jelo
אוכל

banana

בננה

jabuka

תפוח

narandža

תפוז

lubenica

אבטיח

limun

לימון

šargarepa

גזר

beli luk

שום

bambus

במבוק

luk

בצל

gljiva

פטריות

orašasti plodovi

אגוזים

rezanci

אטריות

špagete

ספגטי

riža

אורז

salata

סלט

pomfrit

צ'יפס

pečeni krumpir

צ'יפס

pica

פיצה

hamburger

המבורגר

sendvič

כריך

šnicla

שניצל

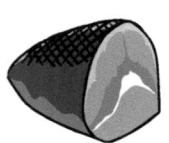

šunka

שינקין

salama

סלאמי

kobasica

נקניקיה

kokoš

עוף

pečenje

טיגון

riba

דג

zobene pahuljice

שיבולת שועל

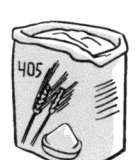

musli

מוזלי

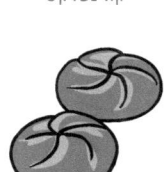

kukuruzne pahuljice

קורנפלקס

brašno

קמח

kroasan

קרואסון

pecivo

לחמנייה

hleb

לחם

toast

טוסט

keksi

עוגיות

maslac

חמאה

sveži sir

גבינה לבנה

kolač

עוגה

jaje

ביצה

jaje na oko

ביצת עין

sir

גבינה

sladoled

גלידה

šećer

סוכר

med

דבש

marmelada

ריבה

nugat krema

ממרח נוגט

kari

קארי

seosko gazdinstvo
חווה

ambar
אסם
bale sena
חבילת שחת
polje
שדה
konj
סוס
prikolica
עגלת נגרר
traktor
טרקטור
ždrebe
סייח
magarac
חמור
ovca
כבש
lane
טלה

koza
עז

krava
פרה

tele
עגל

svinja
חזיר

prase
חזרזיר

bik
שור

guska

אווז

patka

ברווז

pilići

אפרוח

kokoš

תרנגולת

petao

תרנגול

pacov

חולדה

mačka

חתול

miš

עכבר

vol

שור

pas

כלב

kućica za psa

מלונה

vrtno crevo

צינור השקיה

kanta za polivanje

קנקן מים

kosa

חרמש

plug

מחרשה

srp

מגל

motika

מגרפה

viljuška za đubrivo

קלשון

sekira

גרזן

tačke

מריצה

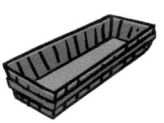

korito

שוקת

posuda za mleko

כד חלב

vreća

שק

ograda

גדר

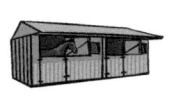

štala

אורווה

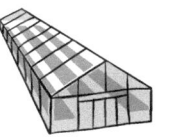

staklenik

חממה

zemlja

אדמה

seme

זרע

đubrivo

דשן

kombajn

מקצרה

žeti

קצר

žetva

קציר

jams začin

בטטה אפריקנית

pšenica

חיטה

soja

סויה

krumpir

תפוח אדמה

kukuruz

תירס

uljana repica

קנולה

voćka

עץ פירות

gomolj manioke

קסבה

žitarice

דגנים

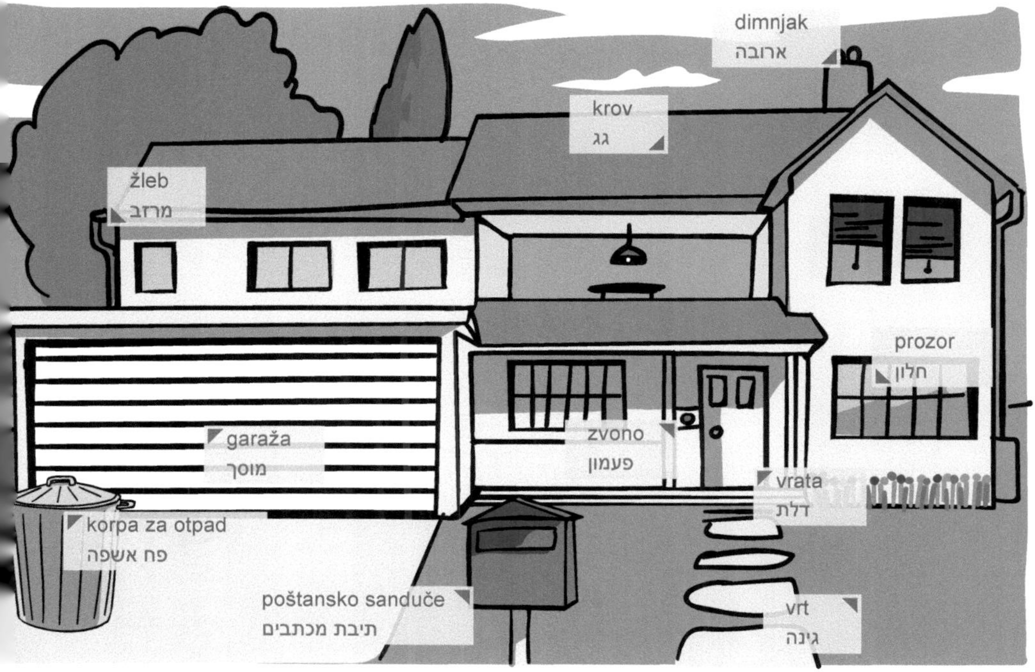

dimnjak
ארובה

krov
גג

žleb
מרזב

prozor
חלון

garaža
מוסך

zvono
פעמון

vrata
דלת

korpa za otpad
פח אשפה

poštansko sanduče
תיבת מכתבים

vrt
גינה

dnevna soba

סלון

kupaonica

חדר אמבטיה

kuhinja

מטבח

spavaća soba

חדר שינה

dečija soba

חדר ילדים

trpezarija

חדר אוכל

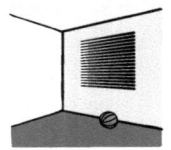

pod

רצפה

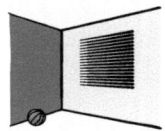

zid

קיר

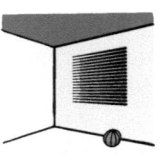

strop

תקרה

podrum

מרתף

sauna

סאונה

balkon

מרפסת

terasa

מרפסת

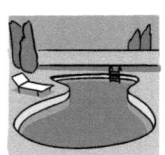

bazen

בריכה

kosilica za travu

מכסחת דשא

posteljina za krevet

סדין

deka za krevet

כיסוי מיטה

krevet

מיטה

metla

מטאטא

kanta

דלי

prekidač

מפסק

dnevna soba
סלון

tapeta
טפט
slika
תמונה
svetiljka
מנורה
regal
מדף
ormar
ארון
televizija
טלוויזיה
kamin
אח
cvijet
פרח
jastuk
כרית
kauč
ספה
vaza
אגרטל
daljinski upravljač
שלט רחוק

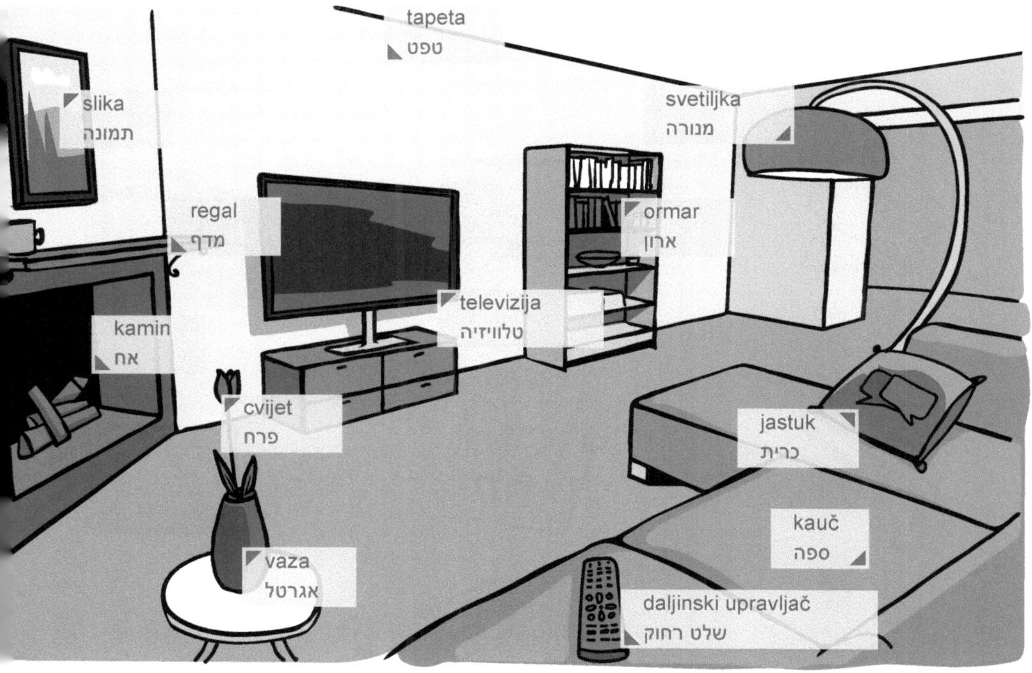

tepih

שטיח

zavesa

וילון

sto

שולחן

stolica

כסא

stolica za njihanje

כיסא נדנדה

fotelja

כורסה

knjiga

ספר

deka

שמיכה

dekoracija

דקורציה

drvo za ogrev

עצי הסקה

film

סרט

hi-fi uređaj

מערכת סטריאו

ključ

מפתח

novine

עיתון

slika na platnu

ציור

poster

פוסטר

radio

רדיו

blok za pisanje

מחברת

usisivač

שואב אבק

kaktus

קקטוס

sveća

נר

kuhinja
מטבח

frižider
מקרר
mikrotalasna rerna
מיקרוגל
kuhinjska vaga
toaster
טוסטר
sredstvo za čišćenje
חומר ניקוי
rerna
תנור
pretinac za zamrzavanje
מקפיא
korpa za otpad
פח אשפה
mašina za pranje suđa
מדיח כלים

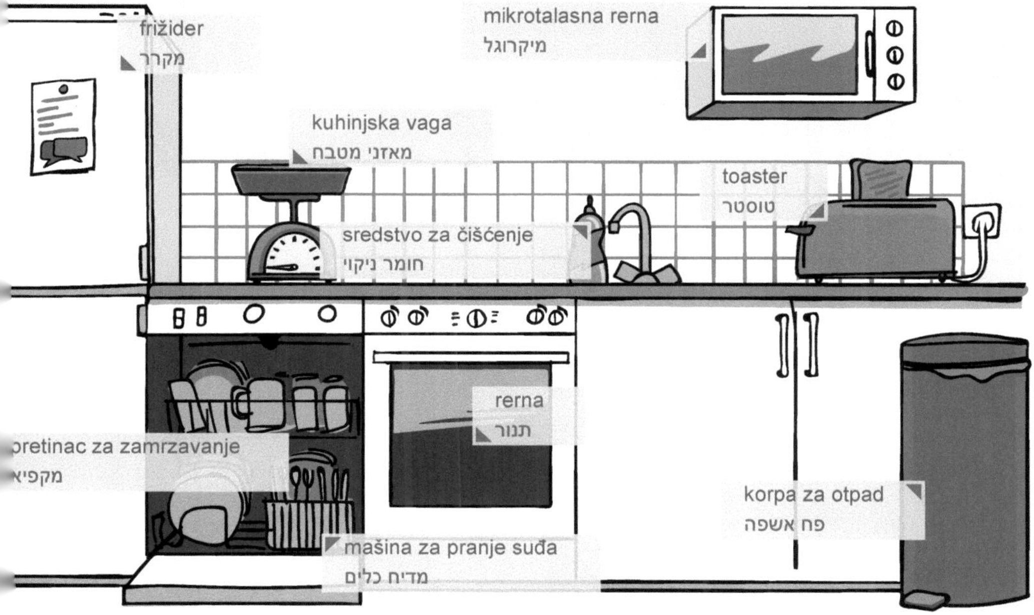

šporet

תנור

lonac

סיר

gvozdeni lonac

סיר ברזל

wok / kadai

ווק

tava

מחבת

kuvalo za vodu

קומקום חשמלי

kuvalo na paru

מאדה

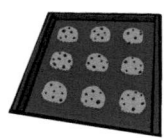

lim za pečenje

מגש אפייה

posuđe

כלי אוכל

čaša

ספל

posuda

קערה

štapići za jelo

צ'ופסטיקס

kutlača

מצקת

lopatica

מרית

penjača

מטרפה

sito za kuvanje

מסננת בישול

sito

מסננת

ribež

מגרדת

mužar

מכתש

roštilj

גריל

ognjište

מדורה

daska

קרש חיתוך

oklagija

מערוך

vadičep

פותחן פקקים

konzerva

פחית

otvarač konzervi

פותחן קופסאות

krpa za lonac

מטלית

sudoper

כיור

četka

מברשת

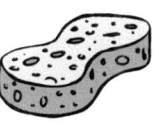

sunđer

ספוג

mikser

בלנדר

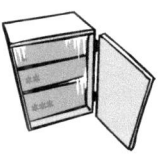

zamrzivač

מקפיא

flašica za bebe

בקבוק לתינוק

slavina za vodu

ברז

kupaonica
חדר אמבטיה

grejanje
חימום
peškir
מגבת
tuš
מקלחת
zavesa za tuš
וילון מקלחת
penušava kupka
אמבטיית קצף
kada
אמבטיה
čaša
כוס
mašina za pranje veša
מכונת כביסה
slavina za vodu
ברז
pločice
אריחים
tuta
סיר לילה
sudoper
כיור

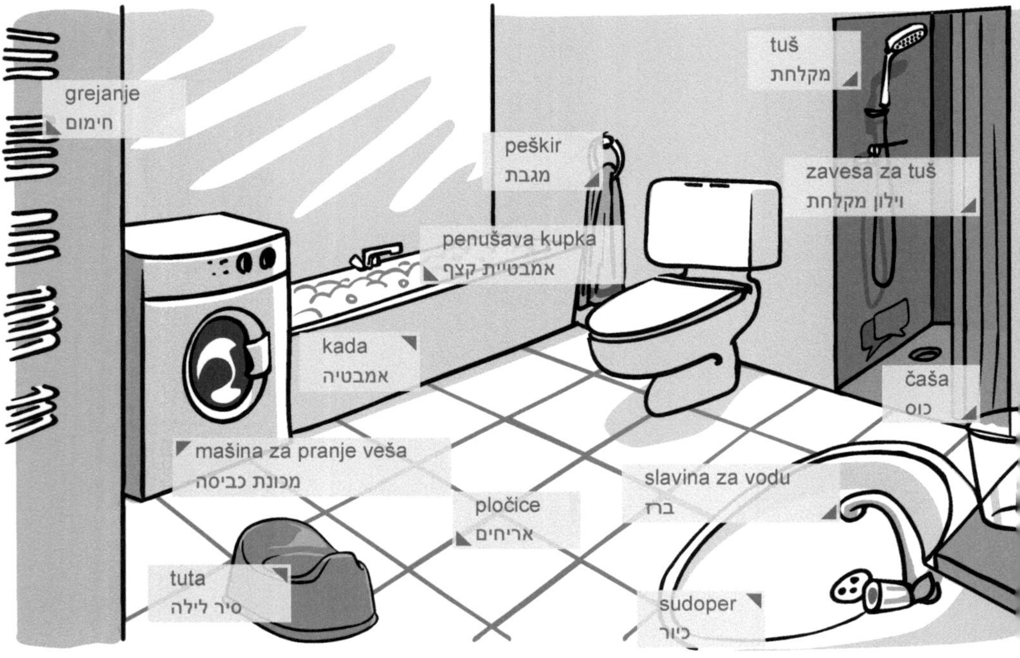

toalet

אסלה

čučavac

אסלת כריעה

bidet

בידה

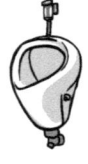

pisoar

משתנה

toaletni papir

נייר טואלט

četka za toalet

מברשת אסלה

četkica za zube

מברשת שיניים

pasta za zube

משחת שיניים

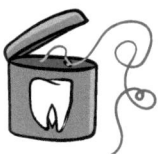

konac za zube

חוט דנטלי

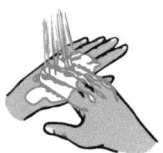

prati

שטף

tuš ručica

מקלחת יד

tuš za pranje intimnih delova

צינור שטיפה לשירותים

lavor

קערת רחצה

četka za pranje leđa

מברשת גב

sapun

סבון

gel za tuširanje

ג'ל רחצה

šampon

שמפו

krpa za pranje

ליפה

odvod

ניקוז

krema

קרם

dezodorans

דיאודורנט

ogledalo

מראה

kozmetičko ogledalo

מראת יד

brijač

סכין גילוח

pena za brijanje

קצף גילוח

losion za posle brijanja

אפטרשייב

češalj

מסרק

četka

מברשת

fen za kosu

מייבש שיעור

sprej za kosu

ספריי לשיער

makeup

איפור

ruž za usne

שפתון

lak za nokte

לק

vata

צמר גפן

makaze za nokte

מספריים לציפורניים

parfem

בושם

kozmetička torbica

תיק כלי רחצה

stolica

שרפרף

vaga

משקל

ogrtač

חלוק רחצה

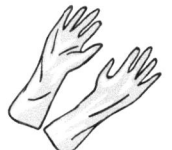

rukavice za čišćenje

כפפות גומי

tampon

טמפון

uložak

תחבושת סניטרית

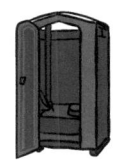

hemijski toalet

שירותים כימיקליים

dečija soba
חדר ילדים

budilnik
שעון מעורר
plišana igračka
צעצוע חיבוק
auto igračka
מכונית צעצוע
zvečka
רעשן
kućica za lutke
בית בובות
poklon
מתנה

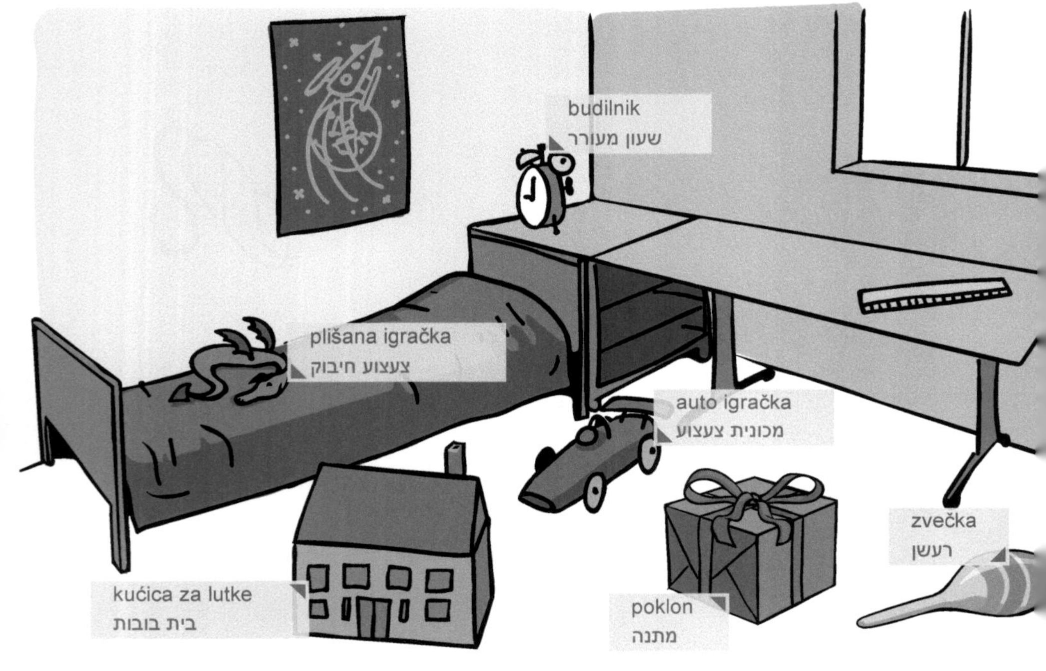

balon

בלון

krevet

מיטה

dječija kolica

עגלה

igra s kartama

משחק קלפים

slagalica

פאזל

strip

קומיקס

lego kockice

לגו

kockice za slaganje

קוביות משחק

akcioni junak

דמות משחק

benkica za bebe

סרבל תינוקות

frizbi

פריזבי

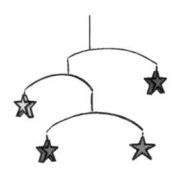

viseće igračke

נייד

društvene igre

משחק לוח

kocka

קוביה

minijaturna željeznica

רכבת צעצוע

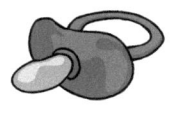

duda

מוצץ

zabava

מסיבה

slikovnica

אלבום תמונות

lopta

כדור

lutka

בובה

igrati

שיחק

pješčanik

ארגז חול

ljuljačka

נדנדה

igračka

צעצועים

konzola za igre

קונסולת משחקים

tricikl

אופניים תלת גלגלי

tedi

דובון

ormar

ארון בגדים

odeća

בגדים

kratke čarape

גרביים

čarape

גרביונים

hulahopke

גרביון

šal
צעיף

kišobran
מטריה

majica
חולצת טי

kaiš
חגורה

čizme
מגפיים

papuče
נעלי בית

patike
נעלי ספורט

sandale
סנדלים

cipele
נעליים

gumene čizme
מגפי גומי

gaćice
תחתונים

grudnjak
חזייה

potkošulja
וסט

bodi

גוף

pantalone

מכנסיים

farmerke

ג'ינס

suknja

חצאית

bluza

חולצה מכופתרת

košulja

חולצה

džemper

אפודה

džemper s kapuljačom

סווצ'ר עם קפוצ'ון

sako

בלייזר

jakna

ז'קט

kaput

מעיל

kabanica

מעיל גשם

kostim

תלבושת

haljina

שמלה

venčanica

שמלת כלה

odelo

חליפה

spavaćica

כותונת לילה

pidžama

פיג'מה

sari

סארי

marama za glavu

מטפחת ראש

turban

טורבן

burka

בורקה

kaftan

קאפטן

abaja

עבאיה

kupaći kostim

בגד ים

kupaće gaćice

בגד ים

kratke pantalone

מכנסיים קצרים

odeća za trening

בגד אימון

kecelja

סינר

rukavice

כפפות

dugme

כפתור

naočare

משקפיים

narukvica

צמיד יד

ogrlica

שרשרת

prsten

טבעת

naušnica

עגיל

kapa

כובע

vešalica

קולב

šešir

כובע

kravata

עניבה

patent zatvarač

רוכסן

kaciga

קסדה

naramenice

כתפיות

školska uniforma

תלבושת בית ספר

uniforma

מדים

podbradak

....

מפית אוכל

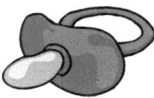

duda

....

מוצץ

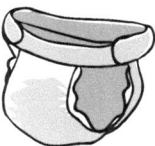

pelena

....

חיתול

kancelarija

משרד

server
שרת
ormar za spise
תיקייה
štampač
מדפסת
papir
נייר
monitor
מסך
miš
עכבר
pisaći stol
שולחן עבודה
mapa
תיק
tastatura
מקלדת
košara za papir
סל נייר
kompjuter
מחשב
stolica
כסא

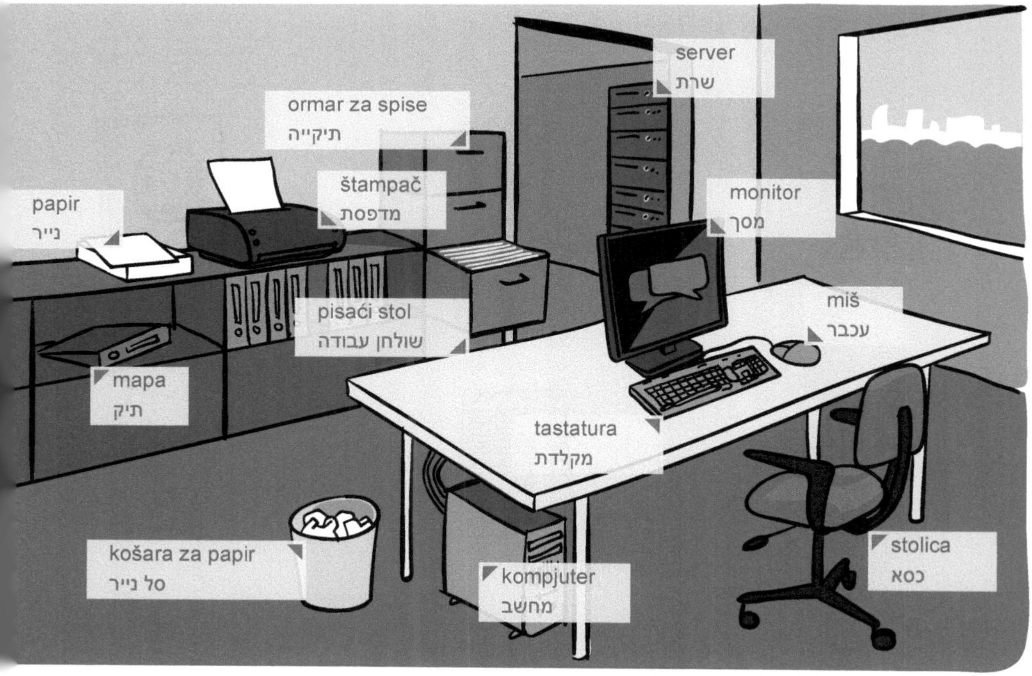

šalica za kavu

....

ספל קפה

kalkulator

....

מחשבון

internet

....

אינטרנט

laptop

מחשב נייד

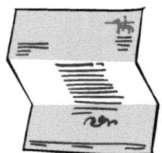

pismo

מכתב

poruka

הודעה

mobilni telefon

נייד

mreža

רשת

uređaj za kopiranje

מכונת צילום

softver

תוכנה

telefon

טלפון

utičnica

שקע

faks

פקס

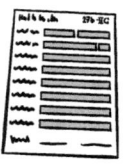

formular

טופס

dokument

מסמך

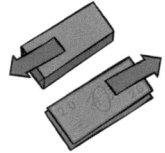

ekonomija
כלכלה

kupovati

קנה

platiti

שילם

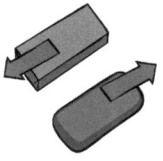

trgovati

סחר

novac

כסף

dolar

דולר

evro

יורו

jen

ין

rublja

רובל

švajcarski franak

פרנק שווייצרי

renmindbi juan

יואן רנמינבי

rupija

רופי

automat za novac

כספומט

menjačnica

המרת מטבע

zlato

זהב

srebro

כסף

nafta

נפט

energija

אנרגיה

cena

מחיר

ugovor

חוזה

porez

מס

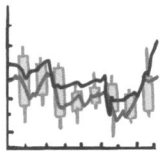

deonica

מנייה

raditi

עבד

službenik

עובד

poslodavac

מעסיק

fabrika

מפעל

prodavnica

חנות

zanimanja
מקצועות

policajac
שוטר
vatrogasac
כבאי
kuvar
טבח
lekar
רופא
pilot
טייס

vrtlar

גנן

stolar

נגר

krojačica

תופרת

sudija

שופט

hemičar

כימאי

glumac

שחקן

vozač autobusa

נהג אוטובוס

vozač taksija

נהג מונית

ribar

דייג

čistačica

עובדת נקיון

krovopokrivač

מתקן גגות

konobar

מלצר

lovac

צייד

slikar

צייר

pekar

אופה

električar

חשמלאי

građevinski radnik

עובד בניין

inženjer

מהנדס

mesar

קצב

limar

אינסטלטור

poštar

דוור

vojnik

חייל

arhitekta

אדריכל

blagajnik

קופאי

cvećar

מוכר פרחים

frizer

ספר

kondukter

כרטיסן

mehaničar

מכונאי

kapetan

קברניט

zubar

רופא שיניים

naučnik

מדען

rabi

רב

imam

אימאם

monah

נזיר

svećenik

כומר

alati
כלי עבודה

klešta
צבת
čekić
פטיש
odvijač
מברג
ključ za zavrtnje
מפתח ברגים
džepna lamp
פנס

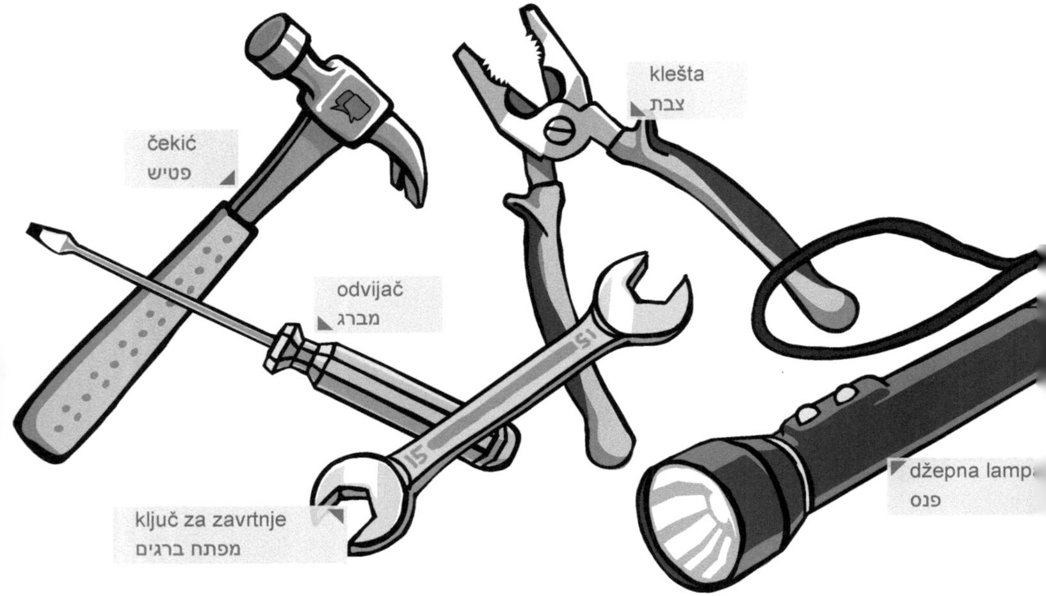

bager

דחפור

kutija za alat

ארגז כלים

merdevine

סולם

pila

מסור

ekser

מסמרים

bušilica

מקדחה

popraviti

תיקן

lopata

את חפירה

do đavola!

לעזאזל!

lopatica

יעה

lonac za boju

פח צבע

zavrtanji

ברגים

muzički instrument

כלי נגינה

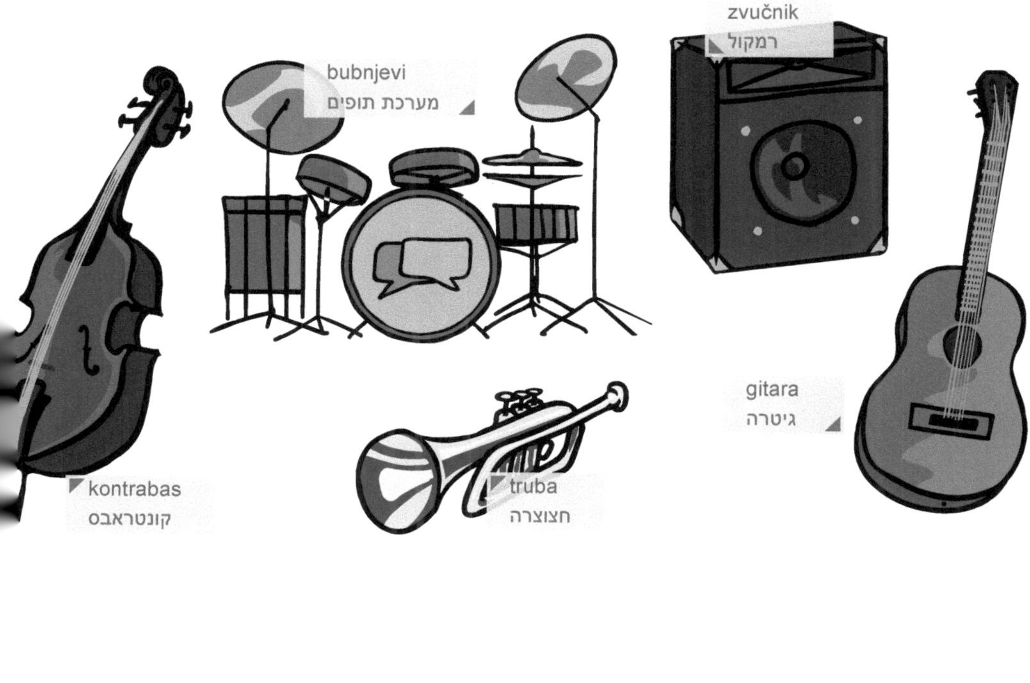

zvučnik
רמקול

bubnjevi
מערכת תופים

gitara
גיטרה

kontrabas
קונטראבס

truba
חצוצרה

klavir

פסנתר

violina

כינור

bas

בס

timpani

תוף הדוד

udaraljke za bubnjeve

תופים

tipke klavira

מקלדת פסנתר

saksofon

סקסופון

flauta

חליל

mikrofon

מיקרופון

zoološki vrt

גן חיות

tigar
נמר
ulaz
כניסה
kavez
כלוב
zebra
זברה
hrana za životinje
מזון לחיות
panda
פנדה

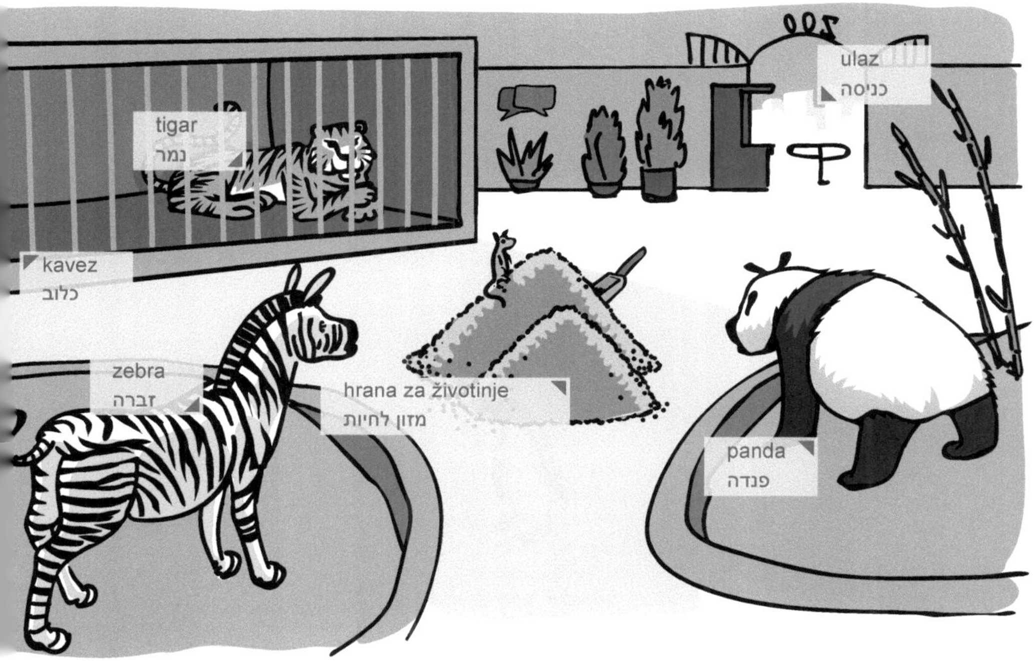

životinje

בעלי חיים

slon

פיל

kengur

קנגרו

nosorog

קרנף

gorila

גורילה

medved

דוב

kamila

גמל

noj

יען

lav

אריה

majmun

קוף

flamingo

פלמינגו

papagaj

תוכי

polarni medved

דוב הקרח

pingvin

פינגווין

ajkula

כריש

paun

טווס

zmija

נחש

krokodil

תנין

čuvar u zoološkom vrtu

שומר גן החיות

tuljan

כלב ים

jaguar

יגואר

zoološki vrt - גן חיות

poni

סוס פוני

leopard

לאופרד

nilski konj

היפופוטאם

žirafa

ג'ירפה

orao

נשר

divlja svinja

חזיר בר

riba

דג

kornjača

צב

morž

סוס ים

lisica

שועל

gazela

איילה

sport
ספורט

američki nogomet
פוטבול אמריקאי
biciklizam
רכיבת אופניים
tenis
טניס
košarka
כדורסל
plivanje
שחיה
hokej na ledu
הוקי
boks
אגרוף

fudbal

כדורגל

badminton

בדמינטון

atletika

אתלטיקה

rukomet

כדור-יד

skijanje

עשה סקי

polo

פולו

aktivnosti

פעילויות

smejati se
צחק
skočiti
קפץ
zagrliti
חיבק
ići
הלך
pevati
שר
sanjati
חלם
moliti se
התפלל
poljubiti
נשק

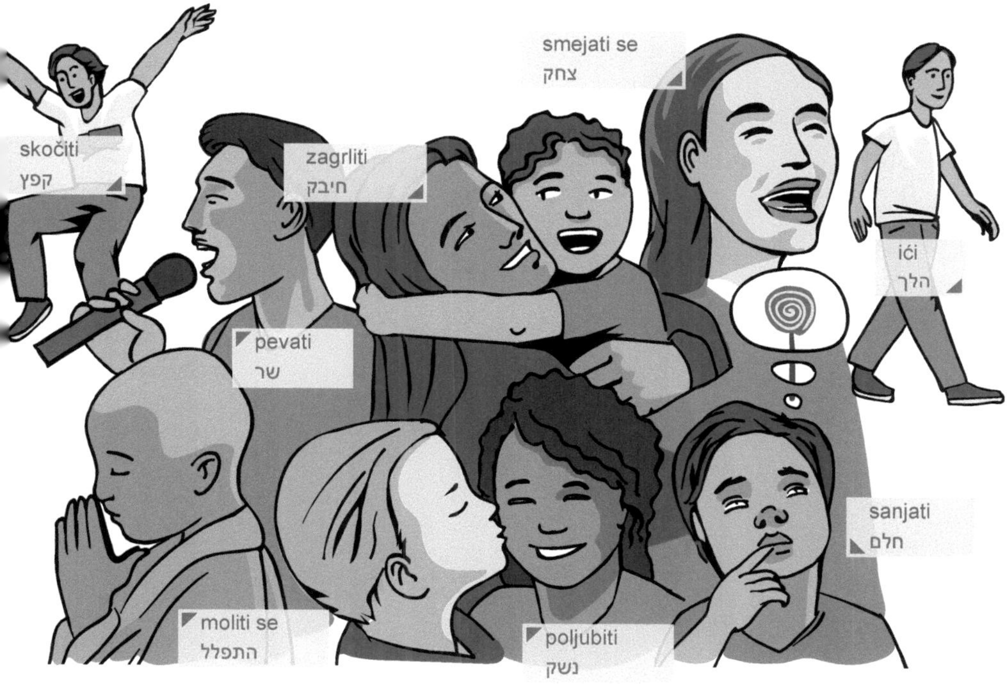

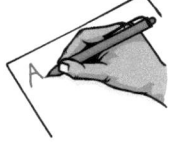

pisati

כתב

crtati

צייר

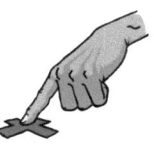

pokazati

הראה

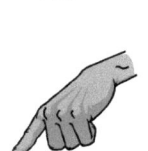

gurati

דחף

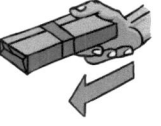

dati

נתן

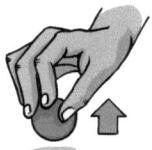

uzeti

לקח

imati

יש / להיות הבעלים

činiti

עשה

biti

היה

stojati

עמד

trčati

רץ

povlačiti

משך

baciti

זרק

padati

נפל

ležati

שכב

čekati

חיכה

nositi

סחב

sediti

ישב

oblačiti

התלבש

spavati

ישן

probuditi se

התעורר

gledati

הסתכל ב-

plakati

בכה

milovati

ליטף

češljati

סירק

govoriti

דיבר

razumeti

הבין

pitati

שאל

slušati

שמע

piti

שתה

jesti

אכל

pospremiti

סידר

voleti

אהב

kuhati

בישל

voziti

נהג

leteti

עף

ploviti

שט

računati

חישב

čitati

קרא

učiti

למד

raditi

עבד

venčati se

התחתן

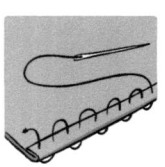

šiti

תפר

prati zube

ציחצח שיניים

ubiti

הרג

pušiti

עישן

poslati

שלח

porodica

משפחה

baka
סבתא
deda
סבא
otac
אבא
majka
אימא
beba
תינוק
kćerka
בת
sin
בן

gost
אורח

tetka
דודה

ujak, stric
דוד

brat
אח

sestra
אחות

telo

גוף

čelo
מצח
oko
עין
rame
כתף
prst
אצבע
lice
פנים
brada
סנטר
ruka
כף יד
grudi
חזה
noga
רגל
ruka
זרוע

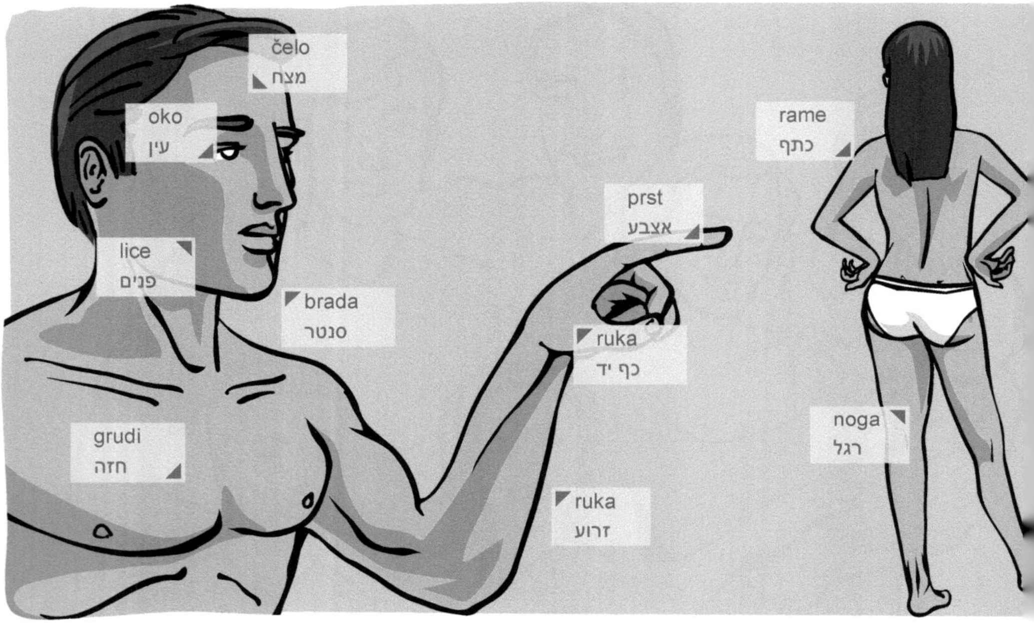

beba

תינוק

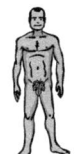

muškarac

איש

žena

אישה

devojčica

ילדה

dečak

ילד

glava

ראש

	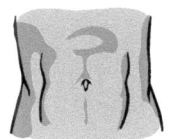	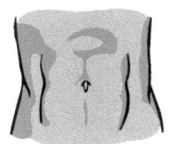
leđa	stomak	pupak
גב	בטן	טבור

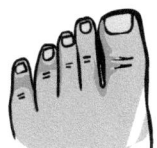	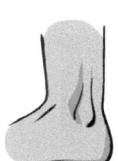	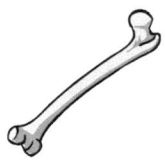
nožni prst	peta	kost
אצבע	עקב	עצם

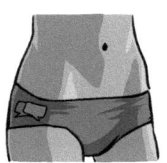	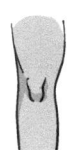	
kukovi	koleno	lakat
ירך	ברך	מרפק

	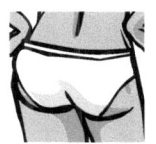	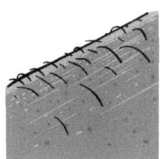
nos	zadnjica	koža
אף	עכוז	עור

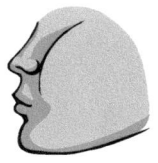	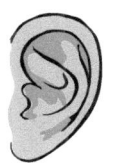	
obraz	uvo	usna
לחי	אוזן	שפתיים

usta

פה

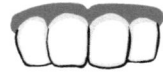

zub

שן

jezik

לשון

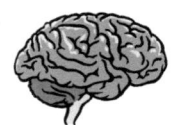

mozak

מוח

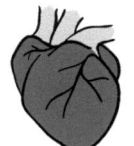

srce

לב

mišić

שריר

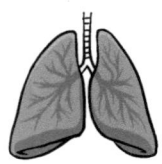

pluća

ריאה

jetra

כבד

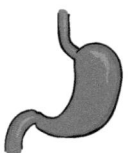

želudac

קיבה

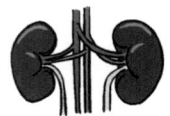

bubrezi

כליות

polni odnos

מין

kondom

קונדום

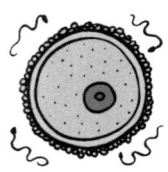

jajna ćelija

ביצית

sperma

זרע

trudnoća

הריון

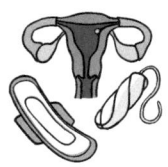

menstruacija

ווסת

vagina

נרתיק

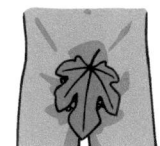

penis

פין

obrva

גבה

kosa

שיער

vrat

צוואר

bolnica

בית חולים

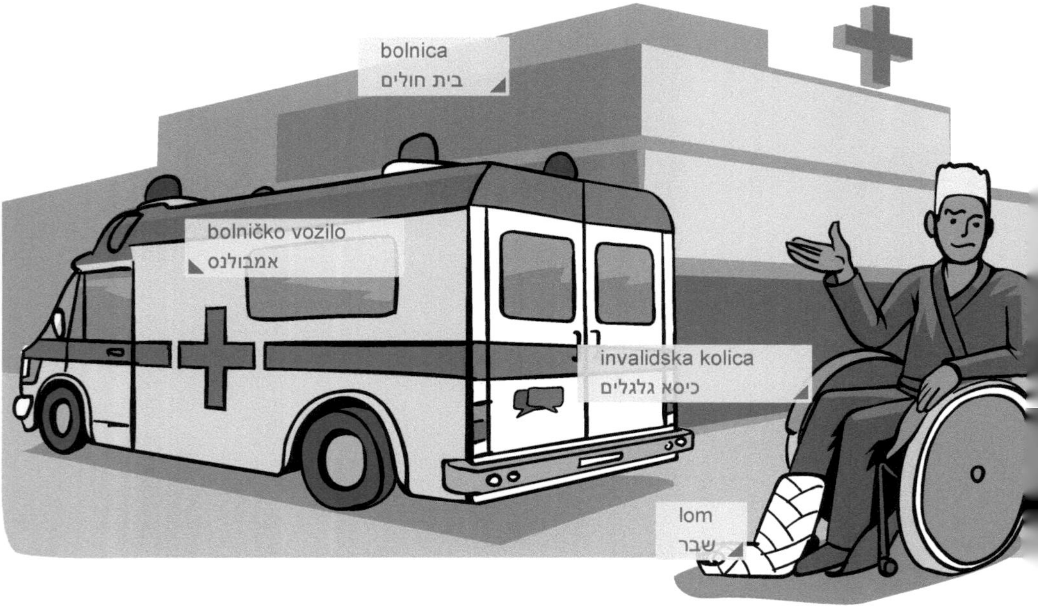

bolnica
בית חולים
bolničko vozilo
אמבולנס
invalidska kolica
כיסא גלגלים
lom
שבר

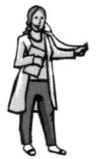

lekar

רופא

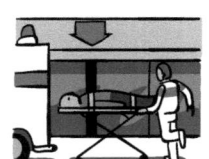

hitna medicinska služba

חדר מיון

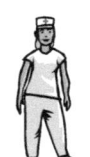

medicinska sestra

אחות

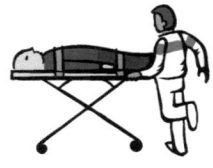

hitni slučaj

חירום

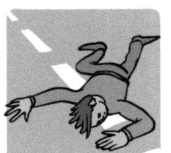

nesvest

חסר הכרה

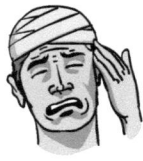

bol

כאב

povreda

פציעה

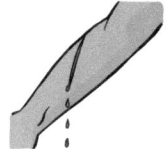

krvarenje

דימום

srčani udar

התקף לב

udar

שבץ

alergija

אלרגיה

kašalj

שיעול

groznica

חום

gripa

שפעת

proliv

שלשול

glavobolja

כאב ראש

rak

סרטן

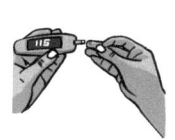

dijabetes

סוכרת

hirurg

מנתח

skalpel

אזמל

operacija

ניתוח

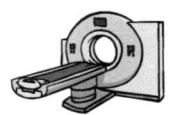

ct

סי-טי

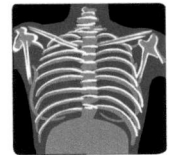

rentgen

רנטגן

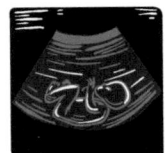

ultrazvuk

אולטרסאונד

maska

מסיכת פנים

bolest

מחלה

čekaona

חדר המתנה

štaka

קבה

flaster

פלסטר

zavoj

תחבושת

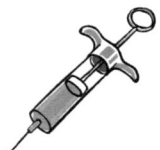

injekcija

זריקה

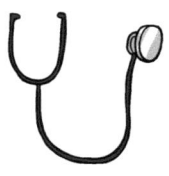

stetoskop

סטטוסקופ

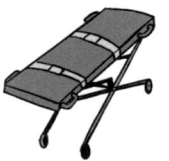

nosila

אלונקה

termometar

מד חום

rođenje

לידה

prekomerna težina

עודף משקל

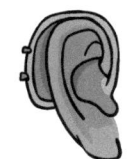

slušni aparat

מכשיר שמיעה

sredstvo za dezinfekciju

מחטא

infekcija

זיהום

virus

נגיף

HIV / AIDS

איידס

medicina

תרופה

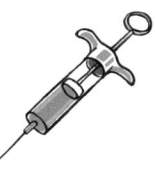

vakcinacija

חיסון

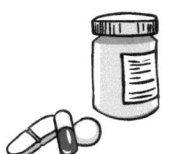

tablete

טבליות

pilula

גלולה

hitni poziv

קריאת חירום

uređaj za merenje pritiska

מד לחץ דם

bolesno / zdravo

חולה / בריא

hitni slučaj

חירום

pomoć!

הצילו!

alarm

אזעקה

nasrtaj

פשיטה

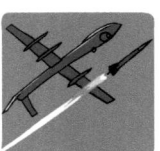

napad

תקיפה

opasnost

סכנה

izlaz u slučaju nužde

יציאת חירום

požar!

אש!

protivpožarni aparat

מטף כיבוי

nezgoda

תאונה

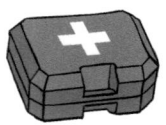

kutija prve pomoći

ערכת עזרה ראשונה

sos

הצילו!

policija

משטרה

zemlja

כדור הארץ

Evropa

אירופה

Severna Amerika

צפון אמריקה

Južna Amerika

דרום אמריקה

Afrika

אפריקה

Azija

אסיה

Australija

אוסטרליה

Atlantik

האוקיינוס האטלנטי

Pacifik

האוקיינוס השקט

Indijski okean

האוקיינוס ההודי

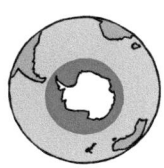

Antarktički okean

האוקיינוס האנטרקטי

Arktički ocean

האוקיינוס הארקטי

Severni pol

הקוטב הצפוני

Južni pol
....
הקוטב הדרומי

Antarktik
....
אנטארקטיקה

zemlja
....
כדור הארץ

zemlja
....
אדמה

more
....
ים

otok
....
אי

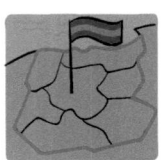

nacija
....
לאום

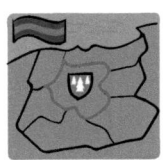

država
....
מדינה

sat
שעון

brojčanik sata

פני השעון

satna kazaljka

מחוג השעות

minutna kazaljka

מחוג הדקות

sekundna kazaljka

מחוג השניות

Koliko je sati?

?מה השעה

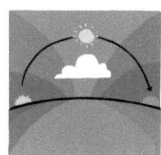

dan

יום

vreme

זמן

sada

עכשיו

digitalni sat

שעון דיגיטלי

minuta

דקה

čas

שעה

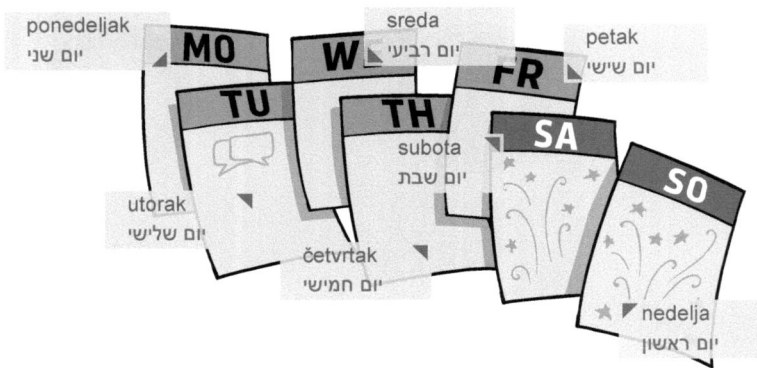

sedmica

שבוע

ponedeljak
יום שני
utorak
יום שלישי
sreda
יום רביעי
četvrtak
יום חמישי
petak
יום שישי
subota
יום שבת
nedelja
יום ראשון

jučе

אתמול

danas

היום

sutra

מחר

jutro

בוקר

podne

צהריים

veče

ערב

radni dani

ימי עבודה

vikend

סוף שבוע

godina

שנה

kiša
גשם
duga
קשת בענן
vetar
רוח
sneg
שלג
proleće
אביב
jesen
סתיו
leto
קיץ
zima
חורף

4.APRIL 11°
5.APRIL 4°
6.APRIL 13°
7.APRIL 8°
8.APRIL 10°

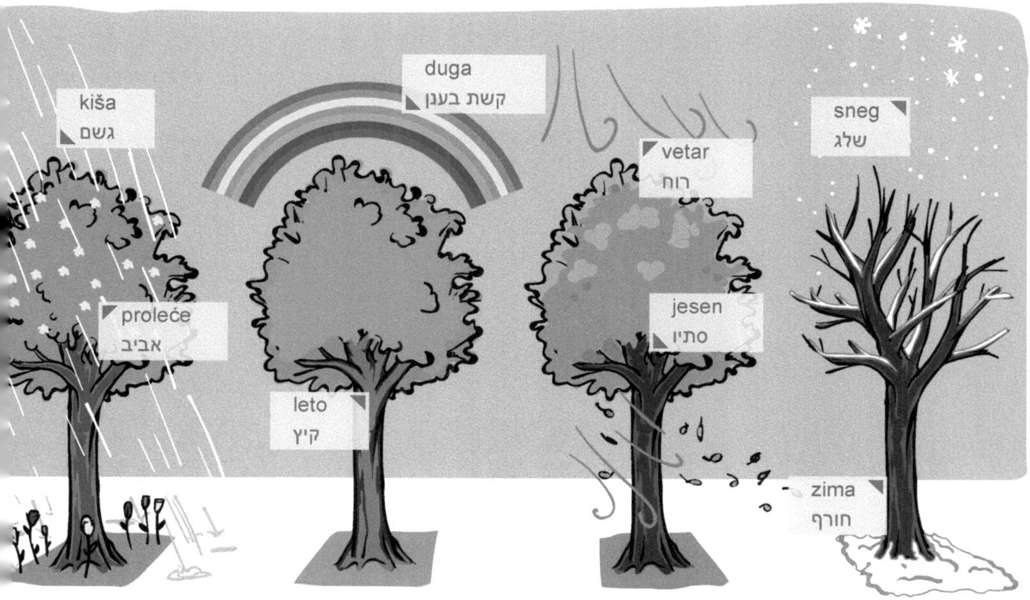

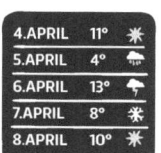

teorološka prognoza

תחזית מזג האוויר

F C
120 90 60 30 0 -30
40 30 20 10 0 -10 -20

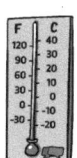

termometar

מד חום

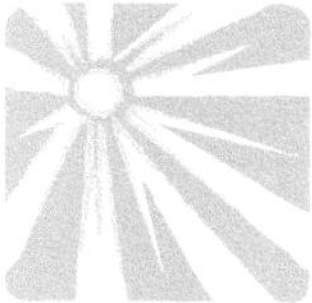

sunčana svetlost

אור שמש

oblak

ענן

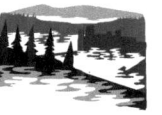

magla

ערפל

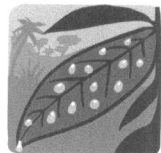

vlažnost vazduha

לחות

munja

ברק

grmljavina

רעם

oluja

סערה

tuča

ברד

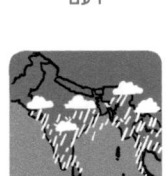

monsun

רוח עונתי

poplava

שיטפון

led

קרח

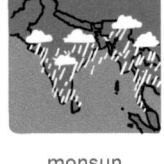

januar

ינואר

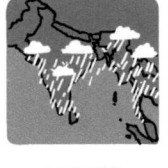

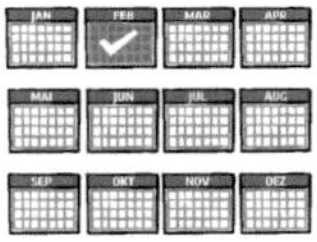

februar

פברואר

mart

מרץ

april

אפריל

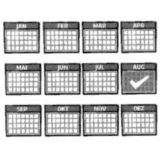

maj

מאי

juni

יוני

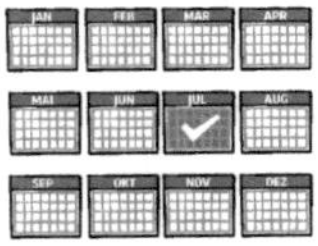

juli

יולי

avgust

אוגוסט

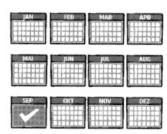

septembar

ספטמבר

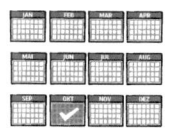

oktobar

אוקטובר

novembar

נובמבר

decembar

דצמבר

oblici

צורות

krug

עיגול

kvadrat

מרובע

pravougao

מלבן

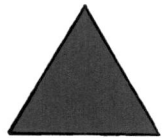

trougao

משולש

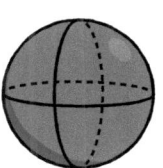

kugla

כדור

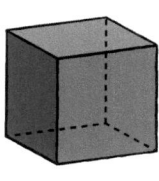

kocka

קובייה

boje

צבעים

bela

לבן

žuta

צהוב

narandžasta

כתום

ružičasta

ורוד

crvena

אדום

ljubičasta

סגול

plava

כחול

zelena

ירוק

smeđa

חום

siva

אפור

crna

שחור

suprotnosti

הפכים

mnogo / malo

הרבה / מעט

ljutito / mirno

כועס / רגוע

lepo / ružno

יפה / מכוער

početak / kraj

התחלה / סוף

veliko / maleno

גדול / קטן

svetlo / tamno

בהיר / כהה

brat / sestra

אח / אחות

čisto / prljavo

נקי / מלוכלך

potpuno / nepotpuno

שלם / חלקי

dan / noć

יום/ לילה

mrtvo / živo

מת / חי

široko / usko

רחב / צר

jestivo / nejestivo

אכיל / לא אכיל

zlo / dobro

רשע / טוב לב

uzbuđeno / dosadno

מתרגש / משועמם

debelo / mršavo

שמן / רזה

na početku / na kraju

ראשון / אחרון

prijatelj / neprijatelj

חבר / אויב

puno / prazno

מלא / ריק

tvrdo / mekano

קשה / רך

teško / lagano

כבד / קל

glad / žeđ

רעב / צמא

bolesno / zdravo

חולה / בריא

ilegalno / legalno

בלתי-חוקי / חוקי

pametno / glupo

נבון / טיפש

levo / desno

שמאל / ימין

blizu / daleko

קרוב / רחוק

novo / polovno

חדש / משומש

ništa / nešto

כלום / משהו

staro / mlado

זקן / צעיר

ıključeno / isključeno

פעיל / כבוי

otvoreno / zatvoreno

פתוח / סגור

tiho / glasno

שקט / רועש

bogato / siromašno

עשיר / עני

tačno / pogrešno

נכון / שגוי

hrapavo / glatko

מחוספס / חלק

tužno / sretno

עצוב / שמח

kratko / dugo

קצר / ארוך

polako / brzo

איטי / מהיר

mokro / suho

רטוב / יבש

toplo / hladno

חם / קר

rat / mir

מלחמה / שלום

brojevi

מספרים

0	1	2
nula	jedan	dva
אפס	אחת	שתיים
3	4	5
tri	četiri	pet
שלוש	ארבע	חמש
6	7	8
šest	sedam	osam
שש	שבע	שמונה
9	10	11
devet	deset	jedanaest
תשע	עשר	אחת-עשרה

12

dvanaest

שתים-עשרה

13

trinaest

שלוש-עשרה

14

četrnaest

ארבע-עשרה

15

petnaest

חמש-עשרה

16

šestnaest

שש-עשרה

17

sedamnaest

שבע-עשרה

18

osamnaest

שמונה-עשרה

19

devetnaest

תשע-עשרה

20

dvadeset

עשרים

100

stotinu

מאה

1.000

hiljadu

אלף

1.000.000

milion

מיליון

jezici

שפות

engleski

אנגלית

američki engleski

אנגלית אמריקאית

mandarinski kineski

סינית מנדרינית

hindski

הודית

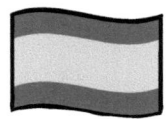

španski

ספרדית

francuski

צרפתית

arapski

ערבית

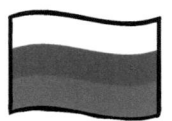

ruski

רוסית

portugalski

פורטוגזית

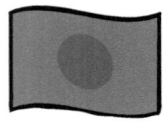

bengalski

בנגלית

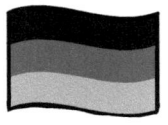

nemački

גרמנית

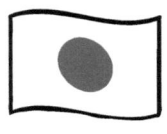

japanski

יפנית

ko / šta / kako

מי / מה / איך

ja

אני

ti

אתה / את

on / ona / ono

הוא / היא / זה

mi

אנחנו

vi

אתם

oni

הם

Ko?

מי?

Šta?

מה?

Kako?

איך?

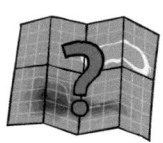

Gde?

איפה?

Kada?

מתי?

ime

שם

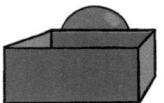

gde

איפה

iza

מאחור

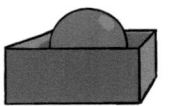

u

בתוך

ispred

לפני

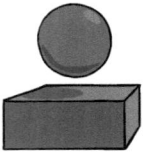

preko

מעל

na

על

ispod

מתחת

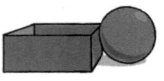

pored

ליד

između

בין

mesto

מקום